Claudio Barna

Briciole di vita

MNAMON

Chiederei se andare con passo lento
avesse un senso: nella nebbia fitta
tutte le luci sono dei miraggi.

Scorra sempre la mia poesia
come il sangue che mi scorre nelle vene
e porta la vita senza fermarsi.

Il buio può durare come sempre
se s'attanaglia come polpo al masso
ai suoi credenti che adorano il male.

Se si potesse andare per il ghiaccio
(per tutta l'anima me l'hai seminato)
e ritrovare il cammino perso.

Nel deserto non crescono le rose
all'eremita rimane un libro
però, che sa cosa sono i fiori.

Fugge la legge dal soldo padrone
occhiuto pervade tutta la vita
chi ne è fuori, come me, è morto.

Mi hai acceso la fiamma del desiderio
spegnerla sarebbe come affondare
seguirla far la fine di falena.

Dormire e ricuperare forze
del giorno così distrutto dal mondo
ma c'è metodo dal *reset* diverso.

Cos'è il destino? I ricordi fissi
quelli che ti seguono anche da sveglio
che non riesci mai a mortificare.

    Il gatto
Non so se cammini in una casa
o conosci gli anfratti del cervello
certo che curi il tuo sguardo attento.

Scopo della stanchezza è dar speranza
continua e prepotente del domani
il quale sempre arriva e mai accontenta.

Sulla pietra vorresti il tuo amore
ma saprai che è ciò che nasce dal sangue
a sparire cancellato dall'acqua.

Se la speranza non m'avesse scosso
ora sarei nella palude Stigia
che per me fabbricano costoro.

Non sempre intelligibili quei segni
tracciati benigni sul cammino
i sigilli non sciolti del futuro.

Ora che tacciono le note sperse
ora che gli animale sono silenti
giunto è anche per me il tempi di dormire.

La pace delle foglie senza moto
né il rumore d'illusione che cada
è il ricordo del sonno della requie.

Le illusioni conoscono sconfitte
ma l'ipnosi vela, e come stregata
questa vita par vita e non è vita.

Chi scrive sa qualcosa, come accade
trasmetterlo è un'impresa vana
eppure a volte succede, sai.

Inseguo nella notte il tuo odore
ti sento vicina senza toccarti
perché resti irraggiungibile al tatto.

I capelli cornice della faccia
del capolavoro composto dai tratti
sanno muoversi come raggi di sole.

L'equilibrio raggiunto è un tesoro
solo uno sciocco dilapiderebbe
la grande cattedrale di pensiero.

Le ombre che passeggiano nella strada
sembra che non abbiano della carne
ma siano macchie di nebbia pensante.

Diniego
La pioggia che bagna le strade cupe
fredda come la stagione impietra
rende bene l'idea della risposta.

Ho avuto parecchi no, siamo d'accordo,
però uno nuovo brucia sempre, come
c'è solo questo cui non ci s'abitua.

Dici che il dolore è senza scopo
mi terrorizzi con le tue lagne
fosse anche un'illusione me la tengo.

La foglia che mettevi nei tuoi quadri
ancora canta della voglia d'altro
se si incarica la stessa natura.

Quand'anche fosse ti trovassi nuda
più non vedrei tutto il tuo desiderio
che ora sembri fatta di ghiaccio all'io.

Il tuo sorriso illumina la mente
un gesto che risolve l'atmosfera
e subito trionfa l'avventura.

Il gatto non conosce solitudine
sa quali errori ci siano in via
è diverso il clochard dall'eremita.

La vita solitaria è così dura
perché alla minima caduta resti
e non c'è chi ti rialzi la testa.

Gatto, vedendoti dopo un lungo viaggio
esalti le nostalgie d'affetto
che nello scrigno lontano s'addormono.

Nulla è migliore di un corpo umano
tempio si innalza all'orizzonte
raccoglie quanto di più sonoro vive.

Grazie che esisti, m'hai dato da bere
quando tutto precipitava in peggio
e almeno un sorriso hai ricavato.

    Rifiuto
E come il desiderio scaccia l'ansia
così negandosi superba lei
scavò l'abisso invece d'una casa.

La consolazione che m'hai regalato
vale carovane di certi doni
e fiori di riconoscenza vanno.

La mia gratitudine come è espressa
sembra voler perforare le invidie
che sempre tese aspettano al varco.

Priva d'ospiti la soglia di casa
alla mia solitudine ricorda
d'esser stata creata dal disprezzo.

Cerchiamo qualcosa che non sia male
o che crediamo che sia un bene certo
e senza vederci siamo per terra.

Nascosto me ne sto per la città
altrove grida di grande ristoro
qui un fragile equilibrio regna solo.

Urlano urlano i cani da fuori
troppo corta è la catena, ma loro
ancora seguono la luna piena.

    La fine
Come di porpora lo sguardo
iniettato di sangue sì stanco
e il riposo che non vuole arrivare.

L'ambiente ha dei sussulti per cambiare
ma non viene mai d esplicarsi
perché gli ostacoli sono di sasso.

Note appese in cartigli in versi
scandiscono il passaggio temporale
della mia avventura personale.

Come sei bello da vedere, mondo,
con l'incanto del nuovo ad ogni passo,
che l'andare diventa un paradiso.

La tua notevole bellezza regna
nient'altro potrei aggiungere a questo
se non il punto della frase detta.

Non era già il giorno tutto passato
ch'io mi trovai nel tuo ricordo perso
e mi chiedevo qual sasso sia quello.

L'eremita conosce dei segreti
nati da quel contatto con se stessi
che riverbera pieno tutto intorno.

Tu che non torni più, attimo perduto,
abbandonando l'occasione incinta,
certo l'eternità può saziarti.

L'ossimoro del bacio di zanzara
hai realizzato con tua dannazione
se io son morto ora vivo, ma tu sparisci.

Stefania
Nello specchio i tuoi capelli biondi
fan da cornice a tanti sogni persi
o forse no, che un sogno non è mai perso.

Nella mia vita sballottata alquanto
almeno un sorso d'acqua ho io sperato
ma sol dall 'al di là giungon promesse.

Chiara la porta della stanza regna
la solitudine ha questi vantaggi
conosce le ali che fanno volare.

Vincas Mincevicius
Il ricordo della sera è il freddo
il tuo era d'una carezza buona
come il freddo paese da cui venivi.

Tu che conoscevi il passato grande
quando la tua città regnava sola
ora ti resta il sorriso del saggio.

Tutta l'ombra che portavi sul corpo
come luce scelta per adornarsi
ti rivelò più bella al sole nato.

Sulla spiaggia il mare batte sempre
e la luna non è stanca di lui
soltanto l'uomo non trova la riva.

Sbianca il tuo viso una lacrima, dolce
migliore appare il mondo tutto
perché l'attimo lo senti gentile.

Scambiarsi i doni è dato a chi si ama
il messaggio dovrebbe essere chiaro
eppure dietro c'è sempre l'inciampo.

Danzi nella mia memoria com'eri
eppure come sei ancora splendi
e attendo il domani per mirarti.

La musica è un dono prima del sonno
lontana dall'agitarsi di spettri,
come rimette l'anima in equilibrio.

L'origine delle cose è qui nascosta
cercarla è come avere un sorso d'acqua
nel deserto accumulato in vita.

La tua immagine ridesta echi
mai dimenticati di braci accese
d'un fuoco che scalda ma mai non scotta.

La consolazione delle tue membra,
che solo contemplandoti s'avvera,
mi dà la stessa pace del riposo.

    Kajla
Vorrei baciarti e baciarti, solare,
ma sei così lontana che non posso,
il tuo profumo resta a consolare.

Vestita di sola semplicità
raggiungesti l'acme che non s'addice
se non a chi ha raggiunto la pace.

Gli animali conoscono l'aria
quella che respiri senza pensare
e che loro sanno come bere.

Nella stanchezza è opportuno adagiarsi
culli la musica il mio riposo
mentre fuori gli alberi sono puri.

Che t'importa della parola spersa
che scrivo forse su uno specchio rotto
se ti volti e sparisci nella nebbia.

Passi di cielo discesi in terra
hai lasciato puliti nella neve
sentiero ad una scala per il cielo.

Il sole colorò i tuoi capelli
prendendo oro dal fondo della terra.

La lotta tra la memoria e l'oblio
trascina molti fantasmi con sé
ed il solo rimedio è la ricerca.

È difficile ammettere l'affetto
con tanta differenza di ricchezza,
così mi dicesti ma più rude.

Si nascondono molte crudeltà
dentro i labirinti d'una famiglia
che il sole nero da un'eclissi regna.

È che il tuo desiderio non s'avvera
resta al di qua delle intenzioni rette
e si vince tutto la timidezza.

A volte il dolore trasuda nel corpo
della mente dov'è a lungo covato:
cercare di stare allegri è un dovere.

Ricordi piacevoli di come sarebbe
s'avventano nell'attimo del sonno
così al risveglio risorgo alla vita.

La dolcezza d'animale vicino
canta ancora degli ultimi valori
e dalla pietra si passa alla carne.

Nella neve non c'erano i tuoi passi
solo restano, senza consolazione
quando, ad un tratto, spuntò la nuova alba.

Una goccia del tuo fuoco per bere
per sopravvivere al giorno seguente
m'aggrappo come zattera in mare.

Un abisso i tuoi occhi spersi al buio
come ha potuto la malattia ghermirti
senza lasciare le speranza in vita?

Un'occasione di un augurio sincero
soltanto un cinico può condannare
ma in tanti odiano il sorriso.

Parlavo parlavo con te all'ascolto
quante cose ho narrato senza requie
nell'abisso della tua anima aperta.

Com'è bella quella parola detta
stretta tra le labbra come un assenso
che pace sussurri chiedendo scusa.

Piove sul bagnato ma così è troppo
fino a quando canteremo noi meno
della polvere che il vento trascina?

E vederti lì persa nel terreno
morta che il tuo corpo pare di cera
eppure t'attendiamo, e ora e sempre.

Rallegrarsi ma non vederti ancora
quali stelle congiurano per sempre
ma alla finestra non voglio restare.

Il bene e il male sembrano in equilibrio
però una luce vince sempre il buio.

Saremo forse troppi per il capo
così il partito decreta le sorti
però dobbiamo abitare nel mondo.

Saremo anche in pochi sulla terra
a capire quel che c'è da capire
è che nel deserto non c'è l'ascolto.

Orologio
L'immutabile correre del tempo
che o troppo lento o troppo veloce
ruba sempre qualcosa dalla vita.

Cerca di suonare piano stavolta
non c'è nessuno che possa capire
sono distrutti dagli echi di guerra.

L'oscillare continuo della mano
nasconde il suo segreto nelle pieghe
assunta dall'anima per il peso.

No non siamo soli quanto vorremmo
se bussa alla porta il soldo tiranno
per portar via tutto il tuo nascosto.

No, non fu facile uscire dal buio
conoscevi le strade ed era tardi
domani ancora un risveglio m'aspetto.

Come siamo fragili al duro tocco
dell'esterno che vorrebbe l'entrata
campana che suona sempre la sera.

Delle parole che raccolgo in fiore
resistono forti le ultime porse
l'epigrafe della giornata andata.

L'abisso delle parole non dette
con le lacrime non si può colmare
era un'occasione, gettata via.

Solo dei forti è la vita, m'han detto
così te li lascio, per il tuo piacere.
Ma non ti sei accorta che siete morti.

Arvo Pärt
Profondo sorge dalla nebbia il suono
e nuota nel suo ambiente, ch'è il sublime
ch'è come conosca l'ultimo approdo.

S'altera l'indecenza, urlando forte
forse perché il mondo ancora duri
ma geme la speranza afflitta sempre.

Nella pace della sera mi trovo
ad accarezzare i sogni notturni
immagini riflesse del domani.

Spesso la storia non vuol parlare
tutta la vergogna domina su lei
però quando tutto è alterato regno.

Suonare musica è diffondere armonia
l'eco resta nell'anima, quieta
sa come sistemare le fondamenta.

Sottrarti alla tirannia del tempo
è possibile se alla ricerca
sostituisci l'armonia totale.

La pace che ti porgo nelle mani
è da cogliere, ramoscello d'ulivo,
fa' presto, non lasciare che appassisca.

Attraverso la notte vanno soli
non s'accorgono del male che guarda
e nuovi eroi conoscono le stelle.

I nostri confini piangono sempre
ma dall'acqua che hanno non cresce niente
ah perché mancano i fiori tra di noi?

Il tuo regalo riempie di sorriso
quanto ricca è la porta dell'anima
aperta per lasciar entrare il mondo.

Sai che vola la carta se dai l'ali
t'accompagna in presepi sconosciuti
dove le farfalle sanno la luce.

   Sonno
È ora di addormentarsi, di lasciare
l'anima di muoversi libera
che vada dove vuole, se ricordo.

   Rasa
Il corpo con cui illumini la stanza
tutta fa danzare di desiderio
ah, esser con te con solo la luna.

I tuoi occhi sono uno specchio del cielo
come spero di rivederti, cara,
un'illusione forse, ma lo voglio.

   Il passato
E dimenticare tutti i mostri incontrati
rende la mente da appendere come un quadro,
sì, meglio non guardare mai indietro.

Al gatto non mancava la parola
la lingua stretta da nodi difficili,
per dirti l'amore che nascondeva.

Gocce d'ambra le tue lacrime belle
perché da fonte limpida sgorgate
com'è indice di pulizia l'acqua!

Sul prato si succedono le gocce
e il regno della rugiada si estende
quale liquida perfezione attenta.

Il sangue, lo sai, parla sempre forte
grida qualcosa che va al di là
come a reclamare la vita stessa.

Il tuo gesto d'accarezzare il cane,
accattone, hai dimostrato l'amore
solo a te mi son sentito fratello.

Vogliono la guerra e poi la dis-fanno
l'aggredire è come foia cieca
e il parlare di pace non ha requie.

La musica si espande sempre al cielo
così porta sicurezza nell'interno
e, calmo, finalmente posso sedermi.

Sincerità che s'espande il suono
non fermarlo aspetta e continua
ancora poco e vedrai il cielo.

Camminare sempre in bilico stanca
ah, l'isola di riposo è pace
che venga l'approdo alla mia barca.

Che una salvezza giunga alla fine
è una speranza infrangibile alla vita
resiste infatti a tutti i colpi dati.

Lasciatemi ancora un lembo del sogno
non strappatemi tutto il cielo al gioco
già troppo togliete la vita al mondo.

L'amicizia è una delle migliori
grandi invenzioni che Dio ci diede
e colme sorgente disseta sempre.

Siamo come semi nella distesa
della terra che si stende nell'oltre

Quando ci si avvicina troppo alla meta
si rischia di bruciarsi le due ali
come farfalle incantate dal fuoco.

    Rasa
La tua risposta fa volare l'ali
come vento beato che conosce
tutto l'oro nascosto nelle vene.

Le stelle sembrano così vicine
a chi sa alzare lo guardo più in alto
"solo palle di gas" dice il nemico.

Non c'è più nessuna briciola al tatto
che riveli il passaggio del cibo:
resto solo nel rumore del mondo.

Quanti passi nell'acqua per ricordo
scivola la mente al sasso d'inganno
solo il torrente sa portar via il male.

Nella foresta deserta il cinghiale
non sa del mio solitario canto
solo i miti conoscono la musica.

Il destino è come il vestito addosso
la moda la segna il tempo e lo spazio
in cui abitiamo andando per il mondo.

Insonnia
Le cose restano immobili
mentre attorno tutto precipita.

Vorrei averti detto una parola
che di luce abbia il gusto in se stessa
sì che tu possa finalmente alzarti.

Avevi gli occhi dipinti di luce
e camminavi danzando nell'aria
così sparisti al suono del tuono.

Posso darti una mano che non trema
ma preferisco molto altro ancora
e solo la cenere resta indietro.

Di quali braci hai raccolto l'essenza
lasciandole bruciare nella stufa
come le parole prese per strada.

Ti desidero e ti seguo nel sogno
sei astuta: così non posso
né raggiungerti né essere felice.

La salvezza allora sarà segnata
quando potrò guardarmi indietro, senza
l'orrore che nulla lascia vedere.

    La mia carriera
Dopo aver coltivato molti fiori
gli alberi diedero frutti succosi
ma al mercato mi dissero: "Son marci".

Come sei bella con il tuo sguardo
quello che non si può spegnere brilla
e basta una scintilla contro il buio.

Forse presto ti raggiungerò, donna
che in molti nomi e in molti modi fuggi,
se il vulcano del destino non fermi.

Col ricordo del sollievo alle mie ore
se il passato vive nel presente
è solo per poter ricostruire.

Il corpo è più forte della notte
impara il necessario per difesa
e pur quando cede splende qualcosa.

Cosa potremo sperare dai capi
che tutto ci tolgono senza pace
eppure li abbiamo scelti per noi.

Di fronte al male mi ritraggo in me
come una chiocciola toccata al capo
e quindi m'appari, bella splendente.

Esposta al vento sai la conturbanza
lontani gli echi di guerre feroci
sì la tua bellezza mi dà da bere.

Certo, m'inoltro tra mille timori
il tuo aspetto di carne di fuoco
un errore soltanto e ci si brucia
ma non posso sbagliarmi con te
la verità ho imparato da errori:
il fuoco scalda e illumina la notte.

Senza nessun successo t'ho invocata
ricordarti però del mio cuore
di come mi bastava un'estasi.

Cosa c'era peggio del tuo sguardo
quando ti raggiunse la delusione
per avere troppo guardato indietro?

Se le mie parole t'han dato una gioia
spero che questa sia contagiosa
come l'acqua quando piove intensa
come il sole quando scalda il tutto.

Poche cose dan più gioia d'un libro:
se bene lo sai leggere tu cresci
e non puoi scordare perché sei nato.

Venite a bere, venite a mangiare
voi tutti che scappate dalla guerra;
però questo è un sogno, siamo vivi.

Quando la verità spaventa, allora
solo il falso si diffonde nell'ambiente,
ma anche in quello interno grida e sforma.

L'insonnia è il tempo che rallenta
e da sveglio vedi i fantasmi
immobile non puoi fuggire.

La pioggia, come essenza dell'acqua, lava:
l'aria si fa più trasparente e sana
e l'anima respira col cervello.

Sogni il nulla e già lo sei, me sfidando
e provocando ad una battaglia:
basta aspettare che svanisci all'aria.

Mentre me ne sto immobile, i tuoi occhi
perlustrano tutta l'anima esposta
a questo m'aggrappo per non cadere.

Solo, in una notte di calma irreale,
viene a galla il perché del mio naufragio:
oh solitudine: condanna e salvezza.

Notturno
Tacciono le voci, come gli uccelli,
tace la luce del sole per oggi,
e ancora un attimo e si spegne il canto.

T'ho seguita per ogni dove invano.
O forse no. Forse un senso esiste
m'è sfuggito come una mosca all'appiglio.

L'attesa
Sai quali carezze desiderate
attendevano là nell'anticamera
là dove il momento prima finisce.

Come può essere avvelenato l'ambiente:
a volte uscire per un sorso d'aria
può esser così duro come una malattia.

Cercare di resistere al forte
può essere solo superbia
eppure è il fondamento di giustizia.

Quanti dubbi nella propria scrittura
eppure può essere un soffio di vita
questo diario che si snoda tra i giorni.

Quale ponte per noi ci fu sicuro
attraverso l'aria incolla le vie
per poterci finalmente abbracciare.

La dorata ricerca che ti segna
come ricorda la musica tua
che t'appartiene e che vuoi ridare.

Alla fine della giornata arresto
il gran vortice che il giorno persegue
e dalla gabbia esce l'uccello d'oro.

Com'è tranquilla l'acqua questa sera
sembra che racconti d'un incanto nuovo,
la calma serenità del risveglio.

Avevi la forma e la voce come
una chitarra che suoni la sera
ed espande all'intorno la sua vita.

Nascondevi un segreto nella carne
mai lo volesti rivelare a noi
e come brucia il ricordo del frutto.

    Kajla
S'alza la temperatura ruggendo
e il tuo corpo s'apre nudo all'aria
come vorrei essere il sole e baciarti.

Dei segni sulla sabbia o sulla pietra
sono quelli che lascio mentre scrivo
non è dato di sapere in questa vita.

Perché m'accusi d'essere un paria?
Ho imparato che piove sul bagnato
dilapidando tanti ingenti spese.

Se mi chiedi cosa sia per me amare
credo che sia quel sussurro che dice:
tu per me non morirai mai, mai.

La speranza che mi desti non scade
ancora narra col sole la vita
che sì sappiamo, che è solo una goccia
ma per chi ha sete è tutta l'esistenza.

Sai che la pioggia porta da bere
eppure ancora parli di tristezza
proprio quando il cielo brucia la terra.

I suoni che espandi nell'aria attorno
cantano l'essenza nascosta in sé
quando esplode tutto il significante.

Non ho avuto molto, è vero, lo sai
ma tu che ridi ancora sulla cima
non sai la promessa del futuro.

Una patria abbandonata
Lottare e quando è finita sei solo
chi è fuggito si gode la fine
chi è rimasto alza le spalle, triste.

   Rasa
Come vorrei stare solo con te
esiste il mondo e devo fare i conti
d'accordo, però la beltà commuove.

Che non abbiamo altro che noi stessi
è una vecchia canzone stonata
se a cantarla siamo sempre soli.

Stefania

Mi hai porto l'allegria su un piatto
che meglio non poteva essere condito
d'ambrosia pieno come il tuo riso.

Ci siamo raccontati molte cose
correvano felici le parole
con quale sorriso sanno regnare.

Fecondità

Come gocce sparse di pioggia lieve
il tuo incanto di fanciulla mi muove
ed è bello allora vivere al cielo.

Certe parole non furono leggere
ma ora regni cantato nel sole
il sorriso dell'alba ti sorrise.

Sorridevi serena sulle nubi
i suoi cieli si aprivano alla morte
di tutte le scorie rimaste dietro.

T'avevo chiesto l'incontro tra noi
non rispondesti una goccia buona
e la mia sete di bere trabocca.

Il tuo braccio si estende al di là del mondo
prolungamento del suo strumento
lieve nell'aria come farfalla al sogno.

L'invito che mi desti mi ridesta
e come chiave apre nuove porte
lo sai che è per meraviglie continue.

Non disprezzerai le altrui tentazioni
perché tutte le trappole ci attendono
nel cammino accidentato dai sassi.

Parlai del veleno dei rimpianti
eppure non può essere paralizzante
perché sempre bisogna camminare.

Tutto quello che fu concesso: lo sguardo.
Oltre il sogno, d'un attimo, che vive
però ben più forte d'una tempesta.

Tremava tutto come il tuo bacio
eppure, averlo non mi era dato;
ma c'era in questo qualche proporzione?

Allusioni che cogliere può solo
forse, chi scrive queste brevi righe
se non fosse che sempre ti riguarda.

Quanto la guerra non sia lontana
lo grida il profugo che fugge via
ma con l'orrore che lo segue sempre.

Mi destai dal delirio un dì lieto
ma vidi, non senza un grande orrore
che proprio la realtà non interessava.

Sei ora morto, e con un bel sorriso
sollevato portavi sulla faccia
ciò che nessuno potrà mai rubare.

Regalavi oro col tuo sorriso
mi toglievano le tensioni
e toglievi alla povertà un peso.

È bello tornare a casa ad averne una
spesso solo ospite se va bene
a volte è triste anche avere un tetto.

Spes

Quell'accento d'argento dei tuoi occhi
subito sperso per troppa freddezza
vorrebbe gridare al tempo: "fermo!"

Non perderti nella nebbia del tutto
guarda al di fuori per ascoltare
il grido del mondo per essere vivo.

Viaggiare viaggiare e vedere tutto
però sapere è anche controllare
ciò che hai introiettato in precedenza.

Il cibo mangiato assieme ha gusto
non dimenticare mai il ricordo
lo splendore del fiore è sulla tavola.

Quali semi ancora durano a lungo
se il sudore li compera col penare
per raccogliere da loro la cena.

L'ape conosce meraviglie ignote
come sa trasformare il fiore in miele
segreto per unirsi col sorriso.

Di quante illusioni ho fatto trame
con solo la consistenza di ragnatele
per essere spazzate col pulito.

L'acqua effervescente delle tue ciglia
ricorda che lo sguardo può suggerire
l'aura delle illusioni che costruiamo.

Il cammino è senza indicazioni
e pare una sosta, è solo un sogno
sotto un sole che guarda e non parla.

Si scioglie il freddo al tuo tepore:
piacerebbe chiamarti medicina
solo per questo tuo atto primario.

Ora che mi hai scelto lasciami andare
per le strade che hai bene costruito
fa' che sappia scegliere nei crocicchi.

Esistesse ancora qualche cosa
a parte il risveglio del dolore
che ricorda ahi che esiste il fuori.

Come luccica, nel suo bagliore
l'essere, di cui il tutto è una parte
e se apri la scatola lo trovi intatto.

La nostra povertà s'accresce di notte
quali pezze per impedire al mostro
di rubare anche l'ultima cosa.

Spero che la malattia sia causa
sola di quest'attesa senza sogno
che il tempo ancora questa volta curi.

La vita scorre come sabbia in mano
d'una clessidra rotta che non vale
il prezzo per cui fu pagata: il tempo.

Solo d'immagini mi pasco, quasi
non esistesse il contatto del corpo,
l'apparire non può essere diverso.

Dicevi: basta coll'io, siam molti
ma soldi ne avevi in saccoccia alcuni
e io senza questi sono isolato
con solo il mio io tra le braccia.

Alla fine, quando tutto è concluso,
non resta che affacciarsi all'ultima porta,
quella del sonno che cura e risveglia.

Ci vuole sempre qualcuno che canti
è l'unico rimedio alla stanchezza
che pesante suscita l'esistenza.

Ti ho ancora detto l'ultima parola
quella sfuggita dalle labbra a stento
il messaggio nella battaglia persa.

Un giocattolo t'avevo comprato
l'hai rivenduto senza una domanda
quanto può costare l'amore perso.

La speranza deve parlare d'altro
qui sarebbe arenata su uno scoglio
deve dire alla vita dell' altrove.

La speranza che mi desti una volta
ancora risuona nel cuore gaio
danza la voglia d'abbracciarti tutta.

Non vorrei che il raggiungerti fosse un sogno
ma il tentare e il ritentare dà vita
il fiore che vorrei porgerti ancora.

Nuovi messaggi volano per l'aria
che sembra rifatta nuova dal basso
dal deposito di tutta la vita.

"Conosci te stesso" diceva il detto
ma avere orecchie per gli altri e morire:
meglio con calma avvicinarmi al dubbio.

    Novembre
E dagli alberi cadono le foglie
come cadono le illusioni al giorno
e non resta che un po' di buio al cielo.

    La medicina
L'amore è un sortilegio contro il male
riesce a coprire il dolore acuto
anche se non perfettamente, certo.

Nella pace d'un attimo in silenzio
si culla l'immagine tanto amata
così che il tornare sarebbe poco.

Mi chiamavi: il dottor delle parole
forse definizione più gradita
diventava difficile da inventare.

Non so se hai gradito tutti i miei doni
il dubbio che tu abbia fatto un gioco
doppio, come la tua indole volle.

Piace ridere a tutti i fiori
non fuggire dunque dal tuo destino
l'annuncio ti colga pronto all'abbraccio.

Di tante illusione che vado cogliendo
il peggiore è la perdita di equilibrio
come risultato di tanto spreco.

Sentirsi tutta la vecchiaia addosso
è come il veder scorrere la vita
però non tentare più di fermarla.

Poeta
Il nome che più dura e più onora
lo era un tempo, tanto lontano,
ora occorre nascondersi e basta.

Il compagno
Non so quanto avessi le spalle larghe
non si può aver voltato la schiena
ed essere colpito con furore.

Ora che la serenità m'afferra,
non fuggire, ma fermati a baciare:
un altro momento non è mai dato.

Nella luce dell'essere ti muovi
cerchi quel suono che ti dà la vita
l'ultimo passo fuori dall'abisso.

Sai, s'addice la chitarra alla sera
quando tutto sembra voler quietarsi
però resta il ricordo della luce.

(Le genti del libro)
In un libro troverai la sapienza
solo in un libro, cercarla altrove
è vero è costruire sulla sabbia.

Come la formica porta il suo pane
così, nuovo Pallada, ho vissuto:
con la letteratura per mangiare.

Quanti sogni il lavoro m'ha tolto
anche quando l'amavo da morire
e proprio questo m'accadde in vita.

Che la pioggia lavi l'aria è assodato
così la spero nella tua assenza
qui nell'esilio dove niente ha nome.

Le parole non sono mai di carta
c'è qualcuno che in esse le fa d'aria
volare oltre il muro qui davanti.

Un corpo per andare per il mondo
questa l'eredità che mi fu data
no, non voglio perderla per invidia.

La fragola che mangiavi con gusto
non era più rossa della tua bocca,
che vorrei raggiungere, ma non posso.

Respirare senza brivido è dato
a chi crede d'aver propria la terra
a noi di sotto il timore fu condanna.

Le stelline che portavi sul seno
volevano formare costellazioni,
lontane per la speranza dello sguardo.

Sapessi perché il vetro è trasparente
perché i tuoi occhi sembrano di vetro
dietro si vedono le cose a specchio.

Rinunciare a capire è un po' morire
eppure, quando la stanchezza è troppa
tirare i remi in barca è un'idea.

È mattina: il mondo bussa alla porta
e come non gettarsi al respiro
con gli ostacoli gettati alla sera.

Tutto cambia tranne il cuore, il silenzio
però con cui m'accogli è brutto segno
eppure ah fugga la rassegnazione.

La montagna non conosce la sfida
che noi piccoli dobbiamo subire,
però siamo di carne non di pietra.

Il poeta
Con le tue parole volava l'oro
sei ricco e non lo sai e ti disperi
ma quando parli veramente hai tutto.

Stanchi e al buio abbiamo visto la luce
forse solo una fiamma lontana
forse il riflesso dei tuoi occhi al giorno.

Oggi il nulla si frantuma nel nulla
tu l'hai distrutto proprio con un gesto
aprite la porta per entrare.

Il gatto ha capito i tuoi misteri
custode li serba col dovuto silenzio
ma qualcosa li fa proprio intuire.

Il calore che emani è la vita
lo comunichi al tutto ridendo
degli ostacoli che vorrebbero darti.

Il miracolo
Eri, perduta, fiamma, nella notte
sembrava tutto più forte di te
poi col tuo vigore portasti luce.

Avevi la chiave per poter fare
la vendesti per un poco di soldi;
dicono che sei felice: non credo.

Per forare l'apparenza del reale
lo luce che pendeva dal cielo
viola il problema ch'ancora pesa.

Grazie a tutte le ragazze che sanno
che osano anche solo uno sguardo
dare a un povero solo perché bello.

Al di là del fango esiste qualcosa
non farsi schiacciare è molto importante
perché si apre la porta della vita.

Le acque fresche in cui il pesce nuota
conoscendo le trasparenze attorno
ricordano la voglia di destarsi.

Le parole pulite come l'acqua
vorrebbero emergere anche qui
sta in te la volontà di berle sempre.

Il calore che il vocativo emana
a stento puoi trovare nelle strade
vieni e siedi per bere con me adesso.

Forse il gatto sa tutti i miei misteri
lo vedo intento a fissarmi arguto
come ad almanaccare l'esistente.

Le sorelle gemelle
Non fa meraviglia che la poesia
fosse in un tempo lontano cantata
sanno albergare tutta la grandezza.

Come il minatore si affatica
a cercare e ricercare il metallo
nel cupo ventre della terra, vivo.

Tremi dalla timidezza e mi sfuggi
quanto ancora puoi così sopravvivere
mentre il tempo ama scorrere impetuoso.

Pesante il ricordo degli errori
commessi in questo lungo camminare
ma oltre questo masso c'è la luce.

Quali inni alla morte sono i confini
muri su muri scavati nei cuori
ed è che riescono a coprire il sole.

Fatemi bere un sorso d'acqua fresca
non torna il buio a bussare alla porta
se ancora posso scacciare la sete.

Quante illusioni semini col tuo passo
io rimasto indietro nei sogni
non mi capacito d'una farfalla:
vive solo un giorno, ma allieta tutti.

Come la medicina ha due facce
una per farti guarire dal male
l'altra con l'effetto collaterale.

Una parola ancora nella sera
prima che il sonno cancelli l'ambiente
possa io deporre come fiore.

La lotta contro la violenza dura
credo da quando Caino uccise Abele
eppure ancora tu pensi a lottare.

Preghiera
Della molta stanchezza che t'adombra
resta il segreto di tanto lavoro
fa' che non si perda, Padre.

Si direbbe che alla realtà piaccia
guardare proprio dritto negli occhi
invece spesso solo li appesantisce.

Metafisica
Le cose sono immobili ma attorno
scorre il tempo con tutto il suo potere
e la loro ombra tesse nuove tele.

Dal buio alla luce solo una voce
quella parola che vuole uscire
e per farlo ha tutto il tempo del mondo.

Ecco che la tua gioia era il motore
di tante dimensioni avvolgenti
cantate dall'osanna del Natale.

Nella solitudine che m'avvolge
non un grido si sente nella nebbia
solo un uccello è vicino al cielo.

Come vorrei andarmene lontano
basta solo l'illusione di pace
da inseguire per poter sopravvivere.

Vuoi conoscere l'ultima parola
quella che scaccia la zanzara, il male
da lei portato non è per altruisti.

Le cose entrate in punta di piedi
nell'atrio la cui ombra ancora regna
sussurrano gli amori persi all'alba.

Se vuoi un ritaglio dell'infinito
non puoi mai accontentarti di niente
e andare sempre in cerca continua.

Quell'uva che raccogliesti non è matura
mai un vino se ne potrà pigiare
resta la sete come testimone.

Non serviva a farti dimenticare
l'addio di pietra scritto in marmo;
solo la carne può chiudere l'aperto.

Non è se non passata la tempesta
che vedi quant'è bella la canzone
che cantano nel sereno lontano.

La gioia del riposo dopo il lavoro
è tesoro dorato al buon agire
l'alternanza della forza nel giorno.

Non esisterebbero più le corde
su cui poter star sempre in equilibrio
se sapessimo: siamo senza rete!

Quando l'ambizione non ti divora
puoi sentire una spinta per il meglio
dal continuo desiderio del grande.

Se la speranza è frustrata dagli altri
non resta che scavarsi una nicchia
e lì respirare a pieni polmoni.

Quando non si hanno soldi per comprare
è meglio non recarsi al mercato
e attendere il nuovo giorno.

Il cielo sembra sempre irraggiungibile
basta alzare lo sguardo per averlo
e fermarsi un po' al fatale andare.

Un ciuffo d'erba è come un segnale
perché è immobile eppure resta vivo
cresce eppure chiede d'essere preso.

Chi non ha lavoro ne vuole uno
chi poi ce l'ha lo vorrebbe cambiare
e il fisso vuol la pensione. È vita?

Essere vivi sia come bussare
a quell'ultima porta ch'è nel cielo
e che s'apre solo al tuo dolore.

Chissà se piangono le cose attorno
al crollare della storia che vedo
e poi continua tutto come prima.

Solo per la tua bellezza gli sbagli
corrono per l'etere senza requie
tutto è pubblico, niente sopravvive.

Quanto convenga coltivare lo sai;
e il tuo giardino che irrighi ogni giorno
e non solo per tenersi occupati.

Mischiare la musica, perfetta
in sé e di null'altro abbisogna,
con le parole è dato solo ai pochi.

Sono riuscito a strapparti un sorriso
così è fatto il ponte dell'amicizia
basta un gesto e si moltiplica a specchio.

Hai saputo fare delle tua carne
musica che fa danzare persino
l'aria che sola dovrebbe vestirti.

E ancora e ancora il tuo corpo brilla in notti
cullando il riposo prima del sonno
prima del risveglio che ti cancella.

Vagando ho avuto molte patrie
nessuna m'ha voluto veramente
ma chi ha molti porti salva la nave.

Nichilismo
Se vuoi piacere, prova a dire il nulla
che generalmente adesso funziona
persino a tirare su due soldi.

Viaggiare, esplorare con esperienza
ma c'è il momento di tornare a casa
per sapere se esiste o se è un'illusione.

Cambiano i regimi e la camicia
e noi sempre sotto dovemmo stare
con le loro facce per tutti i colori.

Aver viaggiato e aver visto qualcosa
almeno intravisto le radici
dell'infinita abbondanza che esiste.

La gioia che fai provare coi quadri
è proporzionale alla tua lirica
ci trovi colori che cantano lieti.

Perplessità
Quel labirinto di parole dette
t'ha allontanata dalla vera stella
sì che ritrovare la strada è dura.

Mačernis
"Chi cresce, sempre diventa solo"
con queste parole m'hai consolato
dalla mia isola posso ridere.

Potessi aggiungerti ai segni incarnati
che sanno come muoversi nel mondo
e raggiungere con un passo la terra.

Biografia

Claudio Barna è nato il 2 novembre 1958, a Domodossola (Verbania).

Dopo il liceo classico, si laurea in lettere classiche, presso l'UCSC di Milano e diventa Professore di ruolo nei licei.

Insegna all'Università di Kaunas (Lituania). Ritornato in Italia, si ritira dal lavoro per grave malattia.

Collabora con l'Università degli Studi di Milano. Ha tenuto numerose conferenze, anche al Filologico di Milano.

Parla Inglese, Francese, Tedesco, Spagnolo e Lituano.

Ha partecipato come giurato a un premio letterario.

È single e non ha figli. Ha una forte passione per la musica.

Finora ha pubblicato 9 volumi di poesie.